FRENCH SHORT STORIES FOR BEGINNERS

OVER 100 CONVERSATIONAL DIALOGUES & DAILY USED PHRASES TO LEARN FRENCH. HAVE FUN & GROW YOUR VOCABULARY WITH FRENCH LANGUAGE LEARNING LESSONS!

LANGUAGE MASTERY

Copyright © 2022 by Language Mastery

- All rights reserved.

No part of this book may be reproduced in any form or by any electronic or mechanical means, including information storage and retrieval systems, without written permission from the author, except for the use of brief quotations in a book review.

CONTENTS

Introduction	vii
1. THE MEETING *Greetings*	1
Summary	4
Words to Remember	4
Questions	5
Answers	7
English Translation	7
2. THE JOURNEY *Colors & Directions*	11
Summary	14
Words to Remember	15
Questions	16
Answers	17
English Translation	17
3. THE TREK *Weather*	21
Summary	24
Words to Remember	24
Questions	25
Answers	26
English Translation	27
4. THE GARAGE *Days Of The Week & Parts Of The Day*	31
Summary	34
Words to Remember	35
Questions	35

Answers	37
English Translation	37
5. THE HOTEL *Months & Telling Time*	41
Summary	44
Words to Remember	45
Questions	45
Answers	47
English Translation	47
6. THE FARM *Food & Meals*	51
Summary	54
Words to Remember	54
Questions	56
Answers	57
English Translation	57
Conclusion	61
Also by Language Mastery	65

INTRODUCTION

Language is an irreplaceable part of human life. Just imagine for a moment that you wake up one morning and cannot speak your own language. How would your life be? How would you feel? Wouldn't life feel like a total mess? While knowing a language is essential, knowing more than one could be a competitive advantage for you. You will be able to communicate easily with more people and this can help you greatly in improving the quality of both your personal as well as professional life. What's more? Learning a new language is excellent for your brain. It is like a workout for the mind and can help you stay younger mentally.

Learning a new language isn't as hard as it seems. Learning can take place outside the classroom too. All you need is patience, lots of hard work, and regular practice. This book can be your guiding light and helping hand that you need on your language learning journey.

CREATED FOR BEGINNERS

This book is geared toward beginners. You will learn a new language through the adventures of Jack and Rose, a young British boy and a Swiss girl. It is divided into 17 chapters. As you walk with them through their various life experiences, you will not only be thoroughly entertained but will also get to learn loads of commonly used phrases and words to enrich your vocabulary.

This book can provide you with a really fun learning experience and will immerse you into a new language in the most interesting way.

THE BENEFITS OF LEARNING A NEW LANGUAGE

Learning a language is one of the most complete cognitive exercises: memory is activated while new neural connections are formed as we move from one language to another. Studying a foreign language increases language, reasoning, abstraction, and calculation skills. In addition to this, knowing more than one language opens up a whole new world to you: from being able to communicate with a larger audience, or opening your access to new job opportunities and relationships.

HOW TO USE THIS BOOK

Each chapter is divided into five sections. The first section contains the story. This is followed by a brief summary of the story. Next, you will find a list of important words that you must remember to increase your fluency, efficiency, and flow with this new language. Following this will be a section containing five questions based on the story. The final section will have answers to these questions. Whether you are 15 or 55, learning a new language using this book is going to be extremely easy and interesting.

Start by reading the story. Don't pressure yourself too much and just try to understand and absorb as much as you can in your first read. It is normal to not be able to understand every word. You are learning a new language after all. Read the summary next to confirm your understanding of the story. Try to remember the words/phrases listed under the "words to remember" category. Finally, check your knowledge and understanding by trying to answer the questions at the end of every chapter. Check your solutions with the answer key provided to see how many questions you got right. Try to learn from your mistakes and move on to the next chapter. As you progress from one chapter to the next, you will see your grasp of the new language gradually improve.

READ AND LISTEN

We highly recommend you buy the audio version of this book. If you choose to listen to the audiobook, you will hear a native English speaker narrating each story before or during reading. Reading along will help you become accustomed to their accent, which will be helpful when applying your new language skills in real-life situations.

Don't wait anymore. Put all your fears and apprehension away and set foot on this amazing language learning journey today!

1

THE MEETING
GREETINGS

Il est 16 heures et Jack attend à la gare de Florence pour prendre son train. La station est bondée de personnes de différentes tailles et de différents tons de peau; et Jack, qui ne connaît pas l'endroit, se sent confus et perdu. Il s'approche de Rose qui attend aussi son train et entame la conversation suivante :

« **Excusez-moi**, mademoiselle! Bonsoir! » Jack commence avec hésitation.

« **Salut** ! **Bonjour** ! Comment puis-je vous aider? » Rose répond en déposant son livre et en tournant son regard vers Jack.

« Je suis un touriste ici. Quand le train pour Berlin arrivera-t-il? »

« Um… dans 20 minutes », répond-elle en jetant un bref coup d'œil à sa montre.

« Très bien. Merci! » répond Jack, soulagé.

« **Mon plaisir** ! Tout va bien ? » demande Rose, préoccupée.

« Oui. Ça va, merci », dit Jack en souriant. « **Comment allez-vous ?** » poursuit-il.

« **Je vais bien! D'où venez-vous ?** »

« **Je viens du** Royaume-Uni. Et vous ? Êtes-vous une locale ? »

« Non », répond-elle. « Je ne suis pas d'ici. Je viens de Suisse. Je suis ici pour le travail. »

« Ah ! Pareil ici ! **Où habitez-vous** en Suisse ? »

« **Je vis** à Zurich. »

« Wow ! C'est magnifique ! Zurich est une belle ville ! »

« Oui, en effet ! Êtes-vous déjà allé en Suisse ? »

« Oui. Je suis allé à Berne pour une réunion l'année dernière. Je ne suis jamais allé à Zurich cependant », répond Jack.

« Vous devez visiter. Vous allez en profiter. »

« Oui. Absolument ! C'est mon rêve de voyager en Suisse », dit Jack. « Mon voyage à Berne a été très court, juste une journée. J'espère planifier un voyage plus long cette fois-ci. Êtes-vous déjà allé au Royaume-Uni ? »

« Non ! Jamais ! Mais j'aime la famille royale de Grande-Bretagne. Je veux visiter le palais de Buckingham un jour », répond Rose avec enthousiasme.

« C'est bon à savoir. C'est la plus célèbre attraction touristique de Grande-Bretagne. »

« Oui ! C'est un beau palais ! Je pense que c'est l'une des attractions touristiques les plus célèbres du monde entier. Quel est le meilleur moment pour visiter ? »

« Vous pouvez venir n'importe quand. Mais si vous aimez voir l'intérieur du palais, il est ouvert aux touristes de juillet à septembre. »

« Seulement trois mois par année ? », demande Rose.

« Oui, parce que c'est le moment où la reine va visiter son château de vacances en Écosse. Ils ne peuvent pas permettre aux touristes de se déplacer lorsque la reine est là. »

« Oh, oui ! Je comprends. Vivez-vous à Londres ? »

« Non. J'habite à Bradford. C'est une ville au nord du pays », explique Jack.

« Bradford ! Je connais. Deux de mes collègues sont de là-bas et ils m'ont beaucoup parlé de cet endroit. »

« Vraiment ? C'est bon à entendre. **Où travaillez-vous ?** » demande Jack.

« **Je travaille dans** une galerie d'art ici à Florence. Et vous ? »

« Je suis écrivain. Je travaille dans une maison d'édition à Bradford. Je suis ici pour rencontrer certains de nos clients à Berlin, à Paris et ici à Florence. »

« D'accord. Combien de temps allez-vous rester à Berlin ? »

« Deux jours. Allez-vous aussi à Berlin ? »

« Oh oui ! Nous y avons une exposition d'art », dit Rose.

« Votre entreprise accueille-t-elle l'exposition ? »

« Oui. Nous aurons nos expositions, et des artistes locaux d'Allemagne y participeront également. Les peintures portent sur les effets du **réchauffement climatique**. Il s'agit d'une exposition de trois jours. Vous pouvez venir y jeter un coup d'oeil si vous en avez le temps. Aimez-vous l'art ? »

« Eh bien, pas beaucoup. Mais je vais essayer de visiter. **Bonne chance** avec votre exposition. »

« **Merci**. L'exposition aura lieu au Ritz Carlton à Berlin. Elle commencera demain et durera trois jours. Vous pouvez vous y rendre en tout temps entre 9 heures et 17 heures. Vous pouvez facilement vous y rendre en train ou en bus. Ici, prenez la carte de mon entreprise. N'hésitez pas à m'appeler si vous avez besoin d'aide. »

« C'est très gentil de votre part. Merci beaucoup. Quel est votre nom ? »

« Oh! j'ai oublié de le mentionner. Je m'appelle Rose Kessler. **Comment tu t'appelles?** »

« **Je m'appelle** Jack Butler. C'était un plaisir de vous parler. »

« Ravie de vous rencontrer, Jack. Voici notre train », remarque Rose qui pointe le train qui ralentit à l'approche du quai.

« Oh oui! Veuillez m'excuser un instant. Je vous verrai à bord, **à bientôt** !», dit Jack avant de se précipiter pour aller chercher son sac.

« **Au revoir** Jack ! **Prenez soin de vous**. »

« Vous aussi, **bonne journée** », répond Jack, et les deux vont chacun de leur côté.

SUMMARY

Jack et Rose sont deux étrangers qui se rencontrent à la gare de Florence en attendant leur train. Jack s'approche de Rose pour s'informer de l'heure d'arrivée de son train et ils commencent à parler. Une conversation mène à une autre et ils finissent par discuter de leur ville natale, de leur travail et de leurs projets d'avenir.

WORDS TO REMEMBER

-

1. **Salut** - Hello
2. **Excuse-moi** - Excuse me
3. **Bonjour** - Good morning
4. **Bonne journée** - Good day

5. **Comment vas-tu/Comment allez-vous ?** - How are you?
6. **Je vais bien** - I'm fine
7. **Merci** - Thank you
8. **Mon plaisir** - My pleasure
9. **Comment tu t'appelles?** - What's your name?
10. **Je m'appelle ...** - My name is…
11. **D'où viens-tu/D'où venez-vous?** - Where you are from?
12. **Je viens de** - I'm from
13. **Où habite tu/Où habitez-vous?** - Where do you live?
14. **J'habite à/Je vis à ...** - I live in…
15. **Où travaillez vous** - Where do you work
16. **Je travaille à ...** - I work at
17. **Bonne chance** - Good luck
18. **À bientôt** - See you
19. **Au revoir** - Bye
20. **Prends soin de toi/Prenez soin de vous** - Take care

QUESTIONS

1. À quelle heure arrive le train pour Berlin?

- a. 16 h
- b. 16 h 20
- c. 15 h 40
- d. 15 h

2. Quand et où l'exposition aura-t-elle lieu?

- a. De 9 h à 18 h au Ritz-Carlton Florence
- b. De 9 h à 17 h au Ritz-Carlton Florence
- c. De 9 h à 17 h au Ritz-Carlton Berlin
- d. De 9 h à 18 h au Ritz-Carlton Berlin

3. Quelle ville Jack aime-t-il et quel est son rêve de voyage?

- a. Il aime Bradford et rêve de voyager en Suisse
- b. Il aime Zurich et rêve de voyager en Suisse
- c. Il aime Londres et rêve de voyager en Italie
- d. Il aime Florence et rêve de voyager au Royaume-Uni

4. Où sont Jack et Rose et où vont-ils?

- a. Ils sont à la gare de Florence et vont à Paris
- b. Ils sont à la gare de Zurich et vont à Florence
- c. Ils sont à la gare de Florence et vont à Berlin
- d. Ils sont à la gare de Berlin et vont à Florence

5. Pendant combien de jours Jack va-t-il rester à Berlin?

- a. Deux jours
- b. Trois jours

- c. Quatre jours
- d. Cinq jours

ANSWERS

1. **b.** 16 h 20
2. **c.** De 9 h à 17 h au Ritz-Carlton Berlin
3. **b.** Il aime Zurich et rêve de voyager en Suisse
4. **c.** Ils sont à la gare de Florence et vont à Berlin
5. **a.** Deux jours

ENGLISH TRANSLATION

It's 4 p.m. and Jack is waiting at the Florence railway station to catch his train. The station is crowded with people of different sizes and skin tones; and Jack, who is unfamiliar with the place, feels confused and lost. He walks up to Rose who is waiting for her train too and starts the following conversation:

"Excuse me, Miss! Good evening!" Jack begins hesitantly.

"Hello! Good day! How can I help you?" Rose replies putting her book down and shifting her gaze towards Jack.

"I'm a tourist here. When is the train to Berlin likely to arrive?"

"Um… at 20 minutes past 4, 20 minutes from now," she replies, taking a brief glance at her watch.

"All right. Thank you!" Jack replies relieved.

"My pleasure! All good?" Rose asks, concerned.

"Yes. I'm fine, thank you," says Jack with a smile. "How are you?" he continues.

"I'm fine! Where are you from?"

"I'm from the United Kingdom. What about you? Are you a local?"

"No," she replies. "I'm not a local. I'm from Switzerland. I'm here for work."

"Ah! Same here! Where do you live in Switzerland?"

"I live in Zurich."

"Wow! That's lovely! Zurich is a beautiful city!"

"Yes indeed! Have you ever been to Switzerland?"

"Yes. I visited Bern for a meeting last year. I have never been to Zurich, though," answers Jack.

"You must visit. You will enjoy it."

"Yes. Absolutely! It is my dream to travel around Switzerland," says Jack. "My trip to Bern was very short, just one day. I hope to plan a longer trip this time. Have you ever been to the UK?"

"No! Never! But I love the royal family of Great Britain. I want to visit Buckingham Palace someday," Rose replies excitedly.

"That's good to know. That is the most famous tourist attraction in Britain."

"Yes! It is a beautiful palace! I think it is one of the most famous tourist attractions in the whole world. When is the best time to visit?"

"You can come any time. But if you like to see the inside of the palace, it is open to tourists from July to September."

"Only three months a year?" enquires Rose.

"Yes, because that's the time when the Queen goes to visit her holiday castle in Scotland. They cannot allow tourists around when the Queen is there."

"Oh, yes! I understand. Do you live in London?"

"No. I live in Bradford. It is a city in the north of the country," explains Jack.

"Bradford! I know about it. Two of my colleagues are from there and I have heard a lot about this place from them."

"Really? That's nice to hear. Where do you work?" Jack asks.

"I work at an art gallery here in Florence. And you?"

"I'm a writer. I work in a publishing house in Bradford. I'm here to meet some of our clients in Berlin, Paris, and here in Florence."

"Ok. How long are you going to be in Berlin?"

"Two days. Are you also going to Berlin?"

"Oh yes! We have an art exhibition there," says Rose.

"Is your company hosting the exhibition?"

"Yes. We will have our exhibits, and local artists from Germany will also be participating. The paintings are about the effects of global warming. It is a three-day exhibition. You can come and take a look if you have the time. Do you like art?"

"Well, not much. But I will try to visit. Good luck with your exhibition."

"Thank you. The exhibition is going to be held at The Ritz Carlton in Berlin. It will start tomorrow and go on for three days. You can drop in at any time between 9 a.m. and 5 p.m. You can easily get there by train or bus. Here, take my company's card. Don't hesitate to call me if you need any help."

"That's very kind of you. Thank you so much. What's your name?"

"Oh! I forgot to mention. My name is Rose Kessler. What's your name?"

"I'm Jack Butler. It was a pleasure talking to you."

"Nice to meet you, Jack. Here comes our train," Rose

remarks pointing at the train slowing down as it approaches the platform.

"Oh yes! Please excuse me for a moment. I'll see you on board," Jack says and rushes to fetch his bag.

"Bye Jack! Take care."

"You too," Jack replies and the two of them go their separate ways.

2
THE JOURNEY
COLORS & DIRECTIONS

Le train pour Berlin passe à toute vitesse devant les prairies et les forêts de la campagne italienne. Les deux nouveaux amis Jack et Rose sont à leur place; Jack lit un livre et Rose dort. Le reste des passagers sont occupés à faire leurs propres choses et tout est paisible. Une voix soudaine et forte venant des haut-parleurs du train surprend les voyageurs.

« Attention, mesdames et messieurs ! C'est une urgence ! Veuillez débarquer immédiatement en utilisant la sortie la plus **proche de** chez vous. Merci ! » dit la voix.

Le même message est répété encore et encore et le train s'arrête brusquement. Les portes s'ouvrent et tous les passagers s'enfuient. Il n'y a pas de station ici. Rose arrive en courant vers Jack et dit:

« Hé, Jack ! Que se passe-t-il ici ? »

« Aucune idée. Demandons à cet homme en uniforme **rouge** », dit Jack.

Rose est d'accord et ils marchent vers l'homme. Il a un sifflet **jaune** dans sa main et regarde activement dans un dossier **vert** à travers ses lunettes de lecture.

« Excusez-moi, monsieur. Quel est le problème ? » demande Jack.

« Il y a une grève des chemins de fer. Les services ferroviaires sont suspendus », dit-il en ajustant son chapeau **noir**.

« Grève du rail ! Sans préavis ? » dit Jack, alarmé.

« Oui. C'est une grève spontanée. »

« Oh, mon Dieu ! Que faisons-nous maintenant ? » dit Rose.

« Vous devrez prendre un bus ou un taxi. Vous pouvez également vous rendre à l'aéroport », dit l'homme en vérifiant l'heure sur sa montre de sport **blanche**.

« Il est très tard dans la nuit ! Ce ne sera pas une bonne idée de voyager à ce moment-là », dit Jack.

« Oui. Il a raison. Y a-t-il un hôtel à proximité ? » demande Rose.

« Laissez-moi vérifier pour vous. » Dit l'homme pendant qu'il sort une carte de son sac **bleu**. « Oui, il y a un hôtel pas très **loin** d'ici. »

« C'est formidable ! Comment pouvons-nous y arriver ? » demande Jack.

« Vous devrez marcher. Cela prendra environ 30 minutes », dit l'homme en regardant la carte.

« C'est assez gênant, mais je pense que nous n'avons pas le choix », dit Rose en regardant Jack.

« Oui. Pouvez-vous nous montrer le chemin, s'il vous plaît ? » dit Jack.

« Bien sûr ! Continuez tout droit sur cette route pendant une dizaine de minutes. Vous verrez une maison violette au bout de cette route **à côté de** l'église. Tournez à **gauche**, ne tourne pas à **droite** et continuez à marcher tout droit jusqu'à ce que vous voyez un petit magasin avec une porte **marron** en **bas**. Le commerçant de ce magasin habite **de l'autre côté** de la rue et il pourra vous aider à partir de là. »

« Merci beaucoup, monsieur », dit Jack. Rose remercie l'homme également.

Quand ils se tournent pour partir, ils voient un groupe de douze jeunes enfants debout **derrière** eux avec leur professeure. Les filles sont habillées en jupes **violettes** et chemises **roses** et les garçons en chemises **oranges** et shorts violets.

« Bonjour, jeune homme ! Je m'appelle Elizabeth et voici mes élèves de maternelle. Nous sommes en voyage », dit l'enseignante à Jack.

« Bonjour, madame ! » dit Jack.

« Nous aussi, nous devons aller à l'hôtel pour passer la nuit, mais ces enfants sont jeunes. Ils sont à peine capables de rester éveillés. Ils ne pourront pas marcher pendant 30 minutes. Pouvez-vous m'aider à trouver un moyen de transport pour eux ? » demande l'enseignant.

« Il est très tard maintenant et nous sommes dans un coin éloigné du pays, alors je doute que nous puissions avoir un taxi », dit Jack.

« Je comprends, mais que dois-je faire avec les enfants ? »

« Demandons à l'homme en uniforme s'il y a un véhicule que nous pouvons louer pour déposer les enfants à l'hôtel. »

Jack demande à l'homme et il répond : « Je n'ai pas de véhicule. Désolé. »

« S'il vous plaît, aidez-nous, monsieur. Ces enfants sont très jeunes. Où iront-ils à cette heure de la nuit ? » dit Jack.

« Il y a une grande maison en haut de la colline. Un avocat et sa femme y vivent. Ils ont une voiture. Vous pouvez leur demander s'ils sont prêts à vous aider », dit l'homme.

« D'accord, monsieur. Merci beaucoup de votre aide », dit Jack.

« Ça me fait plaisir », dit l'homme.

« Devons-nous monter les escaliers, en **haut, devant le** chêne pour atteindre la maison ? » demande Jack.

« Oui ! Frappez à la porte sur le côté de la maison. Ils n'utilisent pas la porte d'entrée », dit l'homme.

« Mais la voiture sera-t-elle suffisante pour transporter douze enfants? » demande Rose.

« Non. » dit l'homme. « C'est un sept places. Vous devrez faire deux voyages », dit l'homme.

« Ce n'est pas un problème. Merci encore une fois », dit Jack.

« Mais qu'en est-il de ce train? Quand la grève prendra-t-elle fin ? » demande Rose.

« Je ne peux pas le dire parce qu'il s'agit d'une grève spontanée. Cela peut prendre deux jours ou deux semaines. » dit l'homme en haussant les épaules.

« C'est long ! J'ai un événement demain ! » dit Rose.

« Oui, c'est la même chose pour moi. Je pense que le vol est la seule option », dit Jack.

« Oui », dit Rose.

« Allons d'abord à l'hôtel », dit Jack.

Rose, Jack, la professeure et les enfants commencent à marcher vers la maison de l'avocat.

SUMMARY

Jack et Rose sont en route pour Berlin. Le train s'arrête soudainement à mi-chemin à cause d'une grève du rail et les passagers sont priés de débarquer immédiatement. Rose et Jack essaient alors de comprendre comment se rendre à

Berlin. Ils décident d'aller à l'hôtel pour la nuit et de voyager le lendemain matin. Une enseignante et ses douze élèves de maternelle demandent à Jack de les aider à se rendre à l'hôtel. Tous décident d'emprunter une voiture à un avocat vivant à proximité pour se rendre à l'hôtel.

WORDS TO REMEMBER

1. **Rouge** - Red
2. **Jaune** - Yellow
3. **Vert** - Green
4. **Noir** - Black
5. **Blanche** - White
6. **Rose** - Pink
7. **Violet** - Purple
8. **Orange** - Orange
9. **Marron** - Brown
10. **Bleu** - Blue
11. **Droit** - Right
12. **Gauche** - Left
13. **Haut** - Up
14. **Bas** - Down
15. **Derrière** - Behind
16. **Devant le** - In front of
17. **De l'autre côté** – Across
18. **À côté de** – Next to
19. **Proche de** - Next to
20. **Loin** - Far

QUESTIONS

1. Que faisait Jack dans le train avant l'annonce?

- a. Il lisait un livre
- b. Il dormait
- c. Il mangeait
- d. il écoutait de la musique

2. Pourquoi le train s'est-il arrêté soudainement?

- a. À cause d'une attaque terroriste
- b. En raison d'un problème technique
- c. À cause d'une grève du rail
- d. À cause d'une tempête de neige

3. Quelle est la chose jaune que l'homme en uniforme a dans la main?

- a. Un sac
- b. Un dossier
- c. Un stylo
- d. Un sifflet

4. Qu'est-ce que décident de faire Jack et Rose pour la nuit?

- a. Dormir dans le train

- b. Dormir chez l'avocat
- c. Prendre un hôtel
- d. Marcher vers Berlin

5. Combien d'enfants sont dans le groupe de la professeure de maternelle?

- a. Six
- b. Douze
- c. Quinze
- d. Dix

―――

ANSWERS

1. **a.** Il lisait un livre
2. **c.** À cause d'une grève du rail
3. **d.** Sifflet
4. **c.** Prendre un hôtel
5. **b.** Douze

―――

ENGLISH TRANSLATION

The train to Berlin is speeding along past the meadows and woodlands of the Italian countryside. The two new friends Jack and Rose are in their respective seats; Jack is reading a book and Rose is asleep. The rest of the passengers are busy doing their own thing and all is peaceful. A sudden loud voice from the train speakers startles the travellers.

"Attention ladies and gentlemen! This is an emergency! Please disembark immediately using the exit nearest to you. Thank you!" says the voice.

The same message is repeated over and over again, and the train comes to an abrupt halt. The doors open, and all the passengers rush out. There is no station here. Rose comes running towards Jack and says:

"Hey, Jack! What's happening here?

"No idea. Let's ask that man in the red uniform," says Jack.

Rose agrees and they walk up to the man. He has a yellow whistle in his hand and is busily looking into a green file through his reading glasses.

"Excuse me, sir. What is the problem here?" Jack asks.

"There is a rail strike. Train services are suspended," the man says adjusting his black hat

"Rail strike! Without prior notice?" Jack says, alarmed.

"Yes. It's a spontaneous strike."

"Oh, my god! What do we do now?" Rose says.

"You will have to take a bus or a cab. You can also go to the airport," the man says checking the time on his white sports watch.

"It's quite late at night! It will not be a good idea to travel at this time," says Jack.

"Yes. He is correct. Is there a hotel nearby?" Rose asks.

"Let me check for you." the man says and takes out a map from his blue bag. "Yes, there is one hotel not too far from here."

"That's great! How can we get there?" Jack asks.

"You will have to walk. It will take about 30 minutes," the man says while looking at the map.

"That's pretty inconvenient, but I think we don't have a choice," Rose says, looking at Jack.

"Yes. Can you please show us the way?" says Jack.

"Sure! Walk straight down that road for about ten minutes. You will see a purple house, turn to right, at the end of that road next to the church. Turn left there, not to right. Continue walking straight until you see a little store with a brown door down there. The shopkeeper of this shop lives across the street and he will be able to help you from then on."

"Thank you very much, sir," Jack says. Rose also thanks the man.

When they turn to leave, they see a group of twelve young children standing behind them along with their teacher. The girls are dressed in purple skirts and pink shirts and the boys in orange shirts and purple shorts.

"Hello, young man! My name is Elizabeth and these are my kindergarten students. We are on a trip," says the teacher to Jack.

"Hello, madam!" Jack says.

"We too need to go to the hotel to spend the night but these children are young. They are barely able to stay awake. They will not be able to walk for 30 minutes. Can you help me find a way for them?" the teacher asks.

"Uhm. It's quite late now and we are in some remote corner of the country, so I doubt we will be able to get a cab," says Jack.

"I understand, but what do I do with the children?"

"Let's ask the man in the uniform if there is any vehicle we can rent to drop the children off at the hotel."

Jack asks the man and he replies, "I do not have any vehicle. Sorry."

"Please help us, sir. These children are very young. Where will they go at this hour in the night?" Jack says.

"There is a large house up the hill. A lawyer and his wife live there. They have a car. You can ask them if they are willing to help," says the man.

"Okay, sir. Thanks a lot for your help," Jack says.

"My pleasure," the man says.

"Do we need to go up the stairs in front of the oak tree to reach the house?" Jack asks.

"Yes! Knock on the side door of the house. They do not use the front door," says the man.

"But will the car be enough to carry 12 children?" asks Rose.

"No." says the man. "It is a seven-seater. You will have to do two trips," says the man.

"Not a problem. Thank you once again," says Jack.

"But what about this train? When will the strike end?" asks Rose.

"I can't tell because this is a spontaneous strike. It can be two days or two weeks." shrugs the man.

"That's a long time! I have an event tomorrow!" Rose says.

"Yes, same for me. I think flying is the only option," Jack says.

"Yes," says Rose.

"Let's get to the hotel first," Jack says.

Rose, Jack, the teacher, and the children begin walking towards the lawyer's house.

3
THE TREK
WEATHER

La nuit est sombre, des étoiles brillent dans le **ciel** et le groupe marche vers la maison de l'avocat. Tout est calme autour d'eux. Jack ouvre la voie, les deux femmes et les douze enfants le suivent. Ils descendent un chemin droit pendant environ cinq minutes. Jack est concentré sur la route, les deux dames sont occupées à bavarder et les enfants marchent, somnolant, autour d'eux.

« Le temps est exceptionnellement très froid aujourd'hui, n'est-ce pas ? » commence Jack.

« Exactement. On est presque en mars, mais on se croirait en janvier », répond Rose.

« Les enfants doivent avoir froid ! » répond l'enseignante.

« Vous voyez la maison blanche là-haut ? C'est là que nous devons aller », dit Jack.

Rose et la professeure hochent la tête.

« Le réchauffement de la planète est à l'origine de **changements climatiques** extrêmes partout. L'**été** dernier a aussi été très chaud », dit Rose.

« Les étés ne sont pas si chauds au Royaume-Uni. L'Italie est plus chaude », dit Jack.

« Oh, oui ! Mais l'été est ma saison préférée ! J'adore les couleurs, les fruits, le plein air, les sports et tout le reste. Ma famille et moi passons l'été chez nous à la campagne. C'est très amusant », dit Rose.

« J'aime aussi l'été. Mes amis et moi allons pêcher, faire du surf et pratiquer beaucoup d'autres sports. L'été dernier, nous avons aussi assisté au festival de musique d'été. Le meilleur de l'été, ce sont les différentes tartinades que ma grand-mère nous prépare », dit Jack.

« D'où venez-vous, madame ? » demande Jack.

« Je viens d'Espagne. Je ne suis pas aussi jeune que vous deux. Les étés sont trop **ensoleillés** et **humides** pour moi et les **hivers** sont trop **froids**. Je préfère donc le **printemps** et l'**automne** », répond l'enseignante.

« J'aime aussi l'hiver en raison de la période des Fêtes. Nous restons au **chaud** à la maison et jouons à des jeux autour de la cheminée. Les enfants aiment jouer dans la **neige** », dit Rose.

« Chaque saison est bonne à sa manière si nous pouvons nous adapter au temps. La création de Dieu est belle. J'aime la nature en général », dit l'enseignante.

« J'aime la plupart des saisons, mais je déteste la **pluie** et le temps sombre. Ces **nuages** noirs et l'absence de **soleil** toute la journée sont si déprimants », dit Jack.

« J'ai l'impression qu'une **tempête** approche. Le **temps** est devenu tellement imprévisible ces jours-ci. J'espère que nous atteindrons Berlin en toute sécurité et à temps. Mon patron pourrait me virer autrement », dit Rose.

« Le terrain est un peu inégal devant nous. Soyez prudents, vous tous. J'espère que nous atteindrons Berlin rapidement. Je dois terminer mes réunions et retourner bientôt au Royaume-Uni », dit Jack.

« Je souhaite la même chose », dit l'enseignante. « Je

suis la seule responsable qui doit prendre soin de tous ces enfants. J'espère pouvoir les ramener à la maison en toute sécurité. Leurs parents doivent être inquiets. Le réseau de téléphonie mobile n'est pas assez solide ici, alors je n'ai pu en informer aucun d'entre eux », poursuit-elle.

« Vous pouvez essayer d'utiliser le téléphone fixe chez l'avocat pour le dire aux parents. Je suis certain qu'il aura la gentillesse d'aider », dit Jack.

« Oui ! Bonne idée ! Merci, Jack », dit l'enseignante avec plaisir.

Tout à coup, un tonnerre retentit, la foudre frappe le ciel et il commence à pleuvoir. De forts vents frais commencent à souffler.

« Il y a tellement de **vent** ! Je **gèle** ! Dépêchons-nous ! » dit Rose.

Les gouttes de pluie sont glacées et les enfants commencent à frissonner. Ils n'ont ni veste, ni **parapluie**, ni imperméable, ni brise-vent. Les enfants se couvrent la tête avec leurs sacs de couleur de printemps. Tous se précipitent sur la colline en direction de la maison de l'avocat. La **température** baisse encore et la pluie verglaçante se transforme en neige. Tout le monde est trempé lorsqu'ils arrivent à la maison.

« Oh, non ! La maison est verrouillée ! » dit Jack.

« Quoi ? Quelle terrible façon de terminer cette journée ! Où allons-nous pour nous abriter maintenant ? » dit Rose en se dirigeant vers un petit arbre sur le bord de la route.

Personne n'a de réponse. Tout ce qu'ils voient autour d'eux, ce sont de vastes étendues de prairies et de fermes. Ils s'inquiètent tous pour les enfants. La neige tombe et les enfants commencent à pleurer.

SUMMARY

Jack, Rose, la professeure et les douze enfants marchent vers la maison de l'avocat pour emprunter sa voiture afin de se rendre à l'hôtel. La route est sombre et calme et le temps est très froid. Jack et Rose discutent de l'impact du réchauffement climatique sur le climat dans le monde entier. L'enseignante participe également à la conversation et ils discutent ensuite de chacune de leur saison préférée. Ils parlent aussi des raisons pour lesquelles ils veulent atteindre Berlin rapidement. Le temps change soudainement et il commence à pleuvoir lourdement. Tous se précipitent rapidement sur la colline pour se réfugier dans la maison de l'avocat. Ils atteignent la maison et voient que la porte est verrouillée. Ils ne savent pas quoi faire et où aller ensuite.

WORDS TO REMEMBER

-
1. **Ciel** - Sky
2. **Été** - Summer
3. **Hiver** - Winter
4. **Printemps** - Spring
5. **Automne** - Autumn
6. **Des nuages** - Clouds
7. **Pluie** - Rain
8. **Neige** - Snow
9. **Chaud** - Hot
10. **Du froid** - Cold
11. **Humide** - Humid
12. **Gelé** - Freezing

13. Température - Temperature
14. Temps - Weather
15. Parapluie - Umbrella
16. Changement climatique - Climate change
17. Soleil - Sun
18. Le réchauffement climatique - Global warming
19. Tempête - Storm
20. Venteux/de vent - Windy
21. Ensoleillé - Sunny

———

QUESTIONS

1. Comment est le temps quand ils commencent à marcher vers la maison de l'avocat?

- a. Chaud
- b. Humide
- c. Ensoleillé
- d. Froid

2. Où Rose passe-t-elle son été?

- a. Dans son pays d'origine
- b. Chez sa grand-mère
- c. Chez son amie
- d. À la plage

3. Quelle saison Jack déteste-t-il?

- a. Été
- b. Hiver
- c. Printemps
- d. Automne

4. De quel pays vient l'enseignante?

- a. Espagne
- b. Allemagne
- c. Italie
- d. Royaume-Uni

5. Que font les enfants pour protéger leur tête contre la pluie?

- a. Parapluies
- b. Leurs mains
- c. Leurs sacs
- d. Imperméables

ANSWERS

1. **d.** Froid
2. **a.** Dans son pays d'origine
3. **a.** Hiver

4. **a.** Espagne
5. **c.** Leurs sacs

ENGLISH TRANSLATION

The night is dark, bright stars are shining in the sky and the group is walking towards the lawyer's house. Everything is quiet around them. Jack leads the way, and the two women and twelve children follow him. They walk down a straight road for about five minutes. Jack is focused on the road, the two ladies are busy chatting, and the children are sleepily walking around them.

"The weather is unusually very cold today, isn't it?" begins Jack.

"Exactly. It is almost March, but it feels like January," Rose replies.

"The children must be cold!" the teacher replies.

"You see the white house up there? That's where we have to go," Jack says.

Rose and the teacher nod.

"Global warming is causing extreme climate change everywhere. Summer too was quite hot last year," says Rose.

"Summers don't get so hot in the UK. Italy is hotter," says Jack.

"Oh, yes! But summer is my favorite season! I love the colors, the fruits, the outdoors, the sports and everything. My family and I spend the summer at our country home. It's a lot of fun," says Rose.

"I like summer too. My friends and I go fishing, surfing, and also play a lot of other sports. Last summer, we also attended the summer music festival. The best part about summer has to be the different spreads that my grandmother prepares for us," Jack says.

"Where are you from, madam?" Jack asks.

"I'm from Spain. I am not as young as you both. Summers are too sunny and humid for me and winters are too cold. So, I prefer spring and autumn," the teacher answers.

"I also enjoy winter because of the Christmas season. We stay warm at home and play games around the fireplace. Kids enjoy playing with the snow," says Rose.

"Every season is good in its own way if we can adapt ourselves to the weather. God's creation is beautiful. I love nature in general," says the teacher.

"I like most seasons, but I hate rain and gloomy weather. Those black clouds and no sun all day are so depressing," Jack says.

"It feels like a storm is approaching. The weather has become so unpredictable these days. I hope we reach Berlin safely and on time. My boss might fire me otherwise," Rose says.

"The terrain is a little uneven ahead. Please be careful, all of you. I hope we reach Berlin fast. I need to finish my meetings and go back to the UK soon," Jack says.

"I wish the same," says the teacher. "I'm solely responsible to take care of all these children. I hope I can take them back home safely. Their parents must be worried. The mobile phone network isn't strong enough here, so I haven't been able to inform any of them about this sudden occurrence," she continues.

"You can try using the landline at the lawyer's house to let the parents know. I'm sure he'll be kind enough to help," Jack says.

"Yes! Good idea! Thank you for that, Jack," says the teacher happily.

All of a sudden, a loud thunder is heard, lightning strikes in the sky and it starts raining. Strong cool winds begin to blow.

"It's so windy! I'm freezing! Let's hurry up!" Rose says.

The raindrops are icy cold, and the children start shivering. They have no jackets, no umbrellas, no raincoats, and no windbreakers. The children cover their heads with their spring color bags. All of them rush up the hill in the direction of the lawyer's house. The temperature falls further and freezing rain turns into snow. Everyone is wet by the time they reach the house.

"Oh, no! The house is locked!" says Jack.

"What?! What a terrible way to end this day! Where do we go for shelter now?" Rose says moving towards a small tree on the side of the road.

Nobody has answers. All they can see around them are vast stretches of open grasslands and farms. They are all worried about the children. The snow falls down and the children begin to cry.

4
THE GARAGE
DAYS OF THE WEEK & PARTS OF THE DAY

Quinze minutes plus tard, la neige ralentit. Tous les enfants et les trois adultes attendent dans le garage près de la maison de l'avocat. Il n'y a pas de voitures dans le garage. Il fait chaud à l'intérieur et le groupe y est confortable. L'enseignante et ses élèves dorment sur deux bancs dans un coin. Jack et Rose sont réveillés. Il n'y a qu'un seul petit tabouret dans le garage et Rose est assise dessus. Jack se tient de l'autre côté, appuyé contre le mur.

« Est-ce le garage de l'avocat ? » demande Rose.

« Ça devrait l'être, mais je pense qu'il ne l'utilise pas pour ses voitures », répond Jack.

« Oui. Je pense qu'il l'utilise pour son travail. »

« Cela ne ressemble pas à un bon bureau », dit Jack.

« Je ne comprends pas cette phrase sur le mur derrière vous. Je me demande pourquoi ils l'ont mise ici. »

Jack se retourne pour regarder la phrase sur le mur. Il y a un très grand cadre en bois sur le mur, et sur lui sont collés sept morceaux de papier coupés dans différentes formes. Deux d'entre eux sont carrés, deux sont ronds, un est en forme de diamant, un est en forme de fleur et le dernier est en forme d'étoile. « My Third Wife Talks French So Sweetly » sont les sept mots écrits sur les sept feuilles de papier. Jack regarde le cadre et lit la phrase à haute voix.

« C'est assez étrange », ajoute-t-il.

« Exactement! Cela ne ressemble pas du tout à un bureau d'avocat », dit Rose.

« Si ce garage appartient vraiment à l'avocat, il doit y avoir un sens à cette phrase. »

« Oui, Jack. Vous avez raison ! Mais que peut signifier cette phrase ? »

« Hum… C'est peut-être un code secret ? »

« Ça veut dire quoi ? »

« Non. Regardez bien la phrase. La première lettre de chaque mot est en majuscule. »

« Oh, oui ! Alors, peut-être que les mots se réfèrent à sept choses », dit Rose.

« Quelles choses ? » dit Jack.

« Les sept couleurs de l'arc-en-ciel ? » dit Rose.

« La première couleur de l'arc-en-ciel est le violet, mais il n'y a pas de « V » ici. »

« Ah ! d'accord ! Qu'est-ce que ça pourrait être d'autre ? »

« Il y a quelque chose écrit sous chaque mot. Pouvez-vous voir ce que c'est, Rose ? »

« Oui. Ce sont des chiffres. »

« J'ai compris ! Ce sont des codes pour les sept jours de la semaine », dit Jack.

« Comment ? »

« Ma troisième épouse représente les trois premiers jours de la semaine », dit Jack.

« Vous voulez dire « Ma » pour **lundi**, « Troisième » pour **mardi** et « Épouse » pour **mercredi**? »

« Absolument ! Les deux mots suivants signifient jeudi et vendredi. »

« Discussions » pour **jeudi** et « français » pour **vendredi** », dit Rose.

« Ce sont donc les cinq premiers **jours de la semaine**. Je suis sûr que vous connaissez les deux derniers. »

« Oui ! « Alors » pour **samedi** et « Doucement » pour **dimanche**. »

« Parfait ! »

« Tu es un génie, Jack ! »

« Ce n'est pas tout. Regardez », dit Jack.

« Quoi ? »

« L'horloge sur ce mur. **Hier** est parti et c'est un nouveau jour. Nous devons être à Berlin aujourd'hui et nous sommes toujours dans un garage inconnu dans ce coin reculé de l'Italie. »

« Est-ce déjà le **matin** ? Le temps vient de passer. »

« Ce sera bientôt l'**après-midi** et ensuite le **soir**. Je dois rencontrer mon client **ce soir**. Dieu sait ce qui va se passer. »

« Oh oui ! Et mon exposition commence aussi **aujourd'hui**. Il y a tellement de préparation que je dois faire avant que cela n'arrive. Cette neige ne semble pas s'arrêter de sitôt. Comment allons-nous voyager ? » dit Rose.

« Je pense que nous devrions quitter cet endroit le plus tôt possible. L'avocat et sa femme ne sont pas en ville, je suppose. Combien de temps allons-nous attendre ici ? »

« Dès que la neige s'arrête, nous pouvons marcher jusqu'à l'hôtel et trouver un moyen de nous rendre à Berlin. Mais qu'en est-il de ces enfants ? La raison pour laquelle nous sommes venus ici, c'est seulement parce qu'ils ne pouvaient pas parcourir une si longue distance à pied », dit Rose.

« Vous avez raison, Rose, mais je vais perdre mon emploi ! Si ça ne vous dérange pas de rester ici avec ces gens, je peux aller à l'hôtel et réserver des billets d'avion pour Berlin pour nous tous. Ensuite, je reviendrai ici en taxi et nous pourrons aller à l'aéroport ensemble. Qu'en pensez-vous ? » suggère Jack.

« Ça semble bien. Merci beaucoup, Jack. Laissez-moi vous donner de l'argent pour le billet. »

« Pas de souci ! Je le prendrai après avoir fait la réservation. »

« D'accord », dit Rose et Jack s'en va.

« Je serai de retour à **midi** », dit-il de l'entrée.

« Essayez de réserver un vol qui nous mènera à Berlin à **minuit** », dit Rose.

« J'espère qu'il y aura des vols vers Berlin **tous les jours** depuis l'aéroport voisin. Ce doit être un petit aéroport. »

« Je pense qu'il y en aura au moins un par jour les **jours ouvrables** et peut-être moins les jours de **fins de semaine**. »

« Voyons voir. Je reviendrai bientôt. Prenez soin de vous. Au revoir. »

SUMMARY

Le groupe composé de Jack, Rose, la professeure et les enfants sont dans un garage près de la maison de l'avocat. Il neige dehors et ils attendent le retour de l'avocat. Pendant que l'enseignante et ses élèves dorment, Jack et Rose passent leur temps à résoudre un puzzle sur le mur. Ils se rendent compte que c'est le matin, et l'avocat n'est pas revenu. Jack décide de se rendre seul à l'hôtel afin d'acheter des billets d'avion pour Berlin pour tous.

WORDS TO REMEMBER

1. **Lundi** - Monday
2. **Mardi** - Tuesday
3. **Mercredi** - Wednesday
4. **Jeudi** - Thursday
5. **Vendredi** - Friday
6. **Samedi** - Saturday
7. **Dimanche** - Sunday
8. **Aujourd'hui**- Today
9. **Demain** - Tomorrow
10. **Hier** - Yesterday
11. **Matin** - Morning
12. **Après-midi** - Afternoon
13. **Soir** - Evening
14. **Ce soir** - Tonight
15. **Midi** - Midday
16. **Minuit** - Midnight
17. **Jours de la semaine** - Days of the week
18. **Jours ouvrables** - Weekdays
19. **Fins de semaine** - Weekend
20. **Tous les jours** - Everyday

QUESTIONS

1. Où l'équipe de voyage attend-elle?

- a. La ferme
- b. La plage
- c. La succursale
- d. Le garage

2. Que font l'enseignante et ses élèves?

- a. Ils mangent
- b. Ils jouent
- c. Ils dorment
- d. Ils étudient

3. Que voit Rose sur le mur?

- a. Une araignée
- b. Un cadre en bois
- c. Une tablette
- d. Une peinture

4. Que lit Jack sur le mur?

- a. Ma troisième épouse parle si bien français
- b. Ma troisième épouse enseigne le français si doucement

- c. Mon professeur parlait à la sœur de Sarah
- d. Mon professeur enseignait le français à la sœur de Sam

5. Quelle est la solution au casse-tête?

- a. Les sept couleurs de l'arc-en-ciel
- b. Les sept jours de la semaine
- c. Sept versets de la Bible
- d. Les noms des sept continents

———

ANSWERS

1. **d.** Le garage
2. **c.** Ils dorment
3. **b.** Un cadre en bois
4. **a.** Ma troisième femme parle français si gentiment
5. **b.** Les sept jours de la semaine

———

ENGLISH TRANSLATION

Fifteen minutes later, the snow is slowing down. All the children and the three adults wait in the garage near the lawyer's house. There are no cars in the garage. It is warm inside and the group is comfortable there. The teacher and her students are fast asleep on a couple of benches in one corner. Jack and Rose are awake. There is only one small stool in the garage, and Rose is seated on it. Jack stands on the other side, leaning against the wall.

"Is this the lawyer's garage?" Rose asks.

"It should be, but I think he doesn't use it for his cars," Jack replies.

"Yes. I think he uses it for work."

"It doesn't look like a proper office," says Jack.

"I don't understand that sentence on the wall behind you. I wonder why they have put it here."

Jack turns around to look at the sentence on the wall. There is a very large wooden frame on the wall, and on it are stuck seven pieces of paper cut in different shapes. Two of them are square, two are round, one is in the shape of a diamond, one is flower-shaped and the final one is a star. "My Third Wife Talks French So Sweetly" are the seven words written on the seven pieces of paper. Jack looks at the frame and reads the sentence aloud.

"This is quite strange," he adds.

"Exactly! This doesn't look like a lawyer's office at all," Rose says.

"If this garage really belongs to the lawyer, there must be a meaning behind this sentence."

"Yes, Jack. You're right! But what can this sentence mean?"

"Uhm… Maybe it's a secret code?"

"That means what?"

"No. Look at the sentence closely. The first letter of every word is capitalized."

"Oh, yes! So, maybe the words refer to seven things," Rose says.

"What things?" Jack says.

"The seven colors of the rainbow?" says Rose.

"The first color of the rainbow is violet, but there isn't a 'V' here."

"Ah! Right! What else could it be?"

"There is something written under each word. Are you able to see what it is, Rose?"

"Yes. They are numbers."

"I got it! These are code for the seven days of the week." Jack says.

"How?"

"'My Third Wife' stands for the first three days of the week," Jack says.

"You mean 'My' for Monday, 'Third' for Tuesday, and 'Wife' for Wednesday?"

"Absolutely! The next two words stand for Thursday and Friday."

"'Talks' for Thursday and 'French' for Friday," says Rose.

"So these are the first five days of the week. I'm sure you know the last two."

"Yes! 'So' for Saturday and 'Sweetly' for Sunday."

"Perfect!"

"You are a genius, Jack!"

"That's not all. Look there," Jack says.

"What?"

"The clock on that wall. Yesterday is gone and this is a new day. We have to be in Berlin today and we are still in some unknown garage in this remote corner of Italy."

"Is it morning already? Time has just flown by."

"It will soon be afternoon and then evening. I have to meet my client tonight. God knows what's going to happen."

"Oh yes! And my exhibition also starts today. There is so much preparation I need to do before that happens.

This snow doesn't seem to stop any time soon. How are we going to travel?" Rose says.

"I think we should leave this place as soon as possible. The lawyer and his wife are not in town, I guess. How long are we going to wait here?"

"As soon as the snow stops, we can walk to the hotel and arrange a way for us to get to Berlin. But what about these children? The reason we came here was only that they couldn't walk such a long distance," Rose says.

"You are right, Rose, but I will lose my job! If you don't mind staying here with these people I can go to the hotel and book flight tickets to Berlin for all of us. Then I will come back here in a cab and we can go to the airport together. What do you think?" Jack suggests.

"Sounds good. Thank you so much, Jack. Let me give you some money for the ticket."

"No worries! I'll take it after I've done the booking."

"Okay," Rose says and Jack departs.

"I will be back by midday," he says from the doorway.

"Try to book a flight that'll get us to Berlin by midnight," Rose says.

"I hope there are flights to Berlin every day from the airport nearby. It must be a small airport."

"I think there will be at least one per day on weekdays and maybe fewer on weekends."

"Let's see. I'll be back soon. Take care. Bye."

5
THE HOTEL
MONTHS & TELLING TIME

Il est 6 heures du matin et Jack commence à marcher vers l'hôtel. Il ne neige plus, mais il fait très froid. Le soleil s'est levé et le matin est magnifique. Un rappel clignote sur le téléphone de Jack : *Achetez un cadeau pour la fête d'anniversaire de Kathryn le 28 **février** 2022.*

« Oh mon Dieu ! Je devais le faire aujourd'hui à Berlin ! » pense Jack.

Il descend la colline et atteint l'endroit où le train s'est arrêté.

« Bonjour ! » dit l'homme en uniforme à Jack.

« Oh ! Bonjour ! Des nouvelles de la grève ? » demande Jack.

« Ils disent que ça va durer encore 72 **heures**. C'est long cette fois-ci. Avez-vous réussi à rencontrer l'avocat ? » demande l'homme en uniforme.

« Non. Il n'est pas en ville, je suppose. Sa maison est verrouillée. »

« Ah, vraiment ? Désolé du problème. Je n'étais pas au courant. L'avocat ne voyage habituellement pas pendant les trois premiers mois de l'année. Sa mère arrive chez lui de France à la mi-janvier et reste ici jusqu'à la fin **mars**. Il est donc toujours à la maison avec elle. Pendant les autres **mois** de l'année, sa femme est toujours à la maison, même si ce n'est pas le cas. La seule fois où sa maison est verrouillée, c'est en **septembre** et en **octobre**. L'avocat et sa femme partent en vacances à ce moment-là. »

« Pas de problème. Peut-être a-t-il dû se déplacer pour le travail », dit Jack.

« Où allez-vous maintenant ? » demande l'homme.

« Je vais à l'hôtel pour réserver des billets d'avion pour nous tous. J'ai une réunion ce soir, c'est très important pour moi d'être là. »

« Venez avec moi. Je vais vous aider », dit l'homme.

« C'est vraiment gentil de votre part. Merci beaucoup », dit Jack alors qu'ils commencent à marcher.

« Les trois derniers mois ont été très mauvais pour les chemins de fer. Nous avons eu une grève en **novembre** dernier et tous les services ferroviaires ont été interrompus pendant deux jours. Puis, en **décembre**, il y a eu trop de neige et cela a eu une incidence sur les horaires des trains. En **janvier**, il y a eu un accident de train. Heureusement, personne n'a perdu la vie et il y a eu peu de blessés. Et maintenant il y a une autre grève. J'espère que mars, **avril** et **mai** se dérouleront sans problème. »

Jack hoche la tête.

« Si je me souviens bien, il y a un vol pour Berlin à **quatre heures et demie** et un autre à **huit heures** du matin. Vous êtes en retard pour la séance **du matin**, mais je pense que vous pouvez répondre à la deuxième. »

« Absolument ! Ce sera formidable si je peux prendre le vol de 16 h 30 », dit Jack.

« Il est maintenant **sept heures moins le quart**. Nous serons à l'hôtel dans dix **minutes**. La réceptionniste pourra nous aider à faire les réservations. »

« Depuis combien de temps travaillez-vous pour les chemins de fer ? » demande Jack.

« Je suis entré en fonction en **juin** 2018. Cela fait donc trois ans et demi. »

« C'est assez long ! »

« Oui, et j'ai à peine pris congé pendant cette période. Je n'ai pris une pause de deux mois que l'**an** dernier, en **juillet** et en **août**, lorsque j'ai dû subir une chirurgie du dos. »

« Comment va votre dos maintenant ? » demande Jack.

« C'est beaucoup mieux maintenant. Merci. Il y a l'hôtel. Vous voyez l'édifice rouge là-bas ? »

« Oui. Ça n'a pas pris si longtemps ! »

L'homme rit. Ils arrivent à l'hôtel et marchent jusqu'au bureau de la réceptionniste.

« Bonjour, messieurs, comment puis-je vous aider ? » dit la réceptionniste.

« Bonjour ! Ce jeune homme doit réserver des billets d'avion pour Berlin. Pouvez-vous nous aider ? »

« Bien sûr, monsieur ! Asseyez-vous », dit la réceptionniste en se tournant vers son ordinateur.

Les deux hommes s'assoient en face d'elle.

« Très bien, alors quand aimeriez-vous voyager ? » demande-t-elle.

« Aujourd'hui, sur le vol le plus tôt possible », répond Jack.

« D'accord. Et vous aimeriez vous rendre à Berlin, n'est-ce pas ? » demande la réceptionniste.

« Oui. Je préférerais un vol direct, car je n'ai pas beaucoup de **temps** », dit Jack.

« D'accord. Il y a donc deux vols aujourd'hui. L'un est à **huit heures quinze**, c'est-à-dire dans environ une heure. Et l'autre est à 7 h **de la soirée**. Les deux vols se rendent directement à Berlin. »

« N'y a-t-il pas un vol plus tôt ? » demande Jack.

« Il y en avait un à 16 h 30, mais qu'en est-il de ce vol ? » demande l'homme en uniforme à la réceptionniste.

« Non, monsieur. Les horaires ont changé. Il n'y en a pas à ce moment-là. » répond la réceptionniste.

« Qu'aimeriez-vous faire ? » demande l'homme en uniforme à Jack.

« Je pense que je vais prendre la motion de 19 h. Je n'ai pas d'autre choix », décide Jack et sort sa carte de crédit de son portefeuille.

« Vous voulez donc un billet pour Berlin avant le vol de 19 h ce soir, n'est-ce pas ? » demande la réceptionniste.

« Non. Il y a quelques personnes de plus qui voyagent avec moi. J'ai besoin de quinze billets au total, y compris les miens », dit Jack.

« D'accord, juste une **seconde**. Laissez-moi vérifier si 15 billets sont disponibles. »

La réceptionniste confirme la disponibilité des billets et les réservations sont faites pour Jack et le reste de son groupe de voyage.

———

SUMMARY

Jack se rend à l'hôtel pour réserver un vol vers Berlin. Sur le chemin, il rencontre l'homme en uniforme qui lui propose de l'aider. Tous deux se rendent à l'hôtel et réservent les billets pour Berlin avec l'aide de la réceptionniste.

———

WORDS TO REMEMBER

1. **Janvier**- January
2. **Février** - February
3. **Mars** - March
4. **Avril** - April
5. **Mai** - May
6. **Juin** - June
7. **Juillet** - July
8. **Août** - August
9. **Septembre** - September
10. **Octobre** - October
11. **Novembre** - November
12. **Décembre** - December
13. **Mois** - Months
14. **An** - Year
15. **Heures** - Hours
16. **Minutes** - Minutes
17. **Seconde** - Second
18. **Quatre heures et demie** - Half-past four
19. **Sept heures moins le quart**- Quarter to seven
20. **Du matin** - a.m.
21. **De la soirée** - p.m.
22. **Huit heures** - Eight o'clock
23. **Huit heures quinze** - Fifteen minutes past eight
24. **Temps** - Time

QUESTIONS

1. Comment Jack va à l'hôtel?

- a. En voiture
- b. Par autobus
- c. En train
- d. À pied

2. Qui rend visite à l'avocat de janvier à mars?

- a. Sa mère
- b. Son père
- c. Son frère
- d. Sa sœur

3. Quelle est la couleur de l'hôtel?

- a. Blanc
- b. Rouge
- c. Jaune
- d. Brun

4. Qui réserve les billets d'avion pour Jack?

- a. La réceptionniste
- b. Son ami
- c. Son collègue
- d. L'avocat

5. Combien de billets Jack paie-t-il?

- a. Un
- b. Deux
- c. Douze
- d. Quinze

ANSWERS

1. **d.** À pied
2. **a.** Sa mère
3. **b.** Rouge
4. **a.** La réceptionniste
5. **d.** Quinze

ENGLISH TRANSLATION

The time is 6 a.m., and Jack starts walking towards the hotel. It's no longer snowing, but the weather is very cold. The sun has risen, and the morning is beautiful. A reminder flashes on Jack's phone. Buy a gift for Kathryn's birthday party on February 28th, 2022.

"Oh god! I had to do this today in Berlin!" Jack thinks.

He walks down the hill and reaches the spot where the train stopped.

"Good morning!" the man in the uniform says to Jack.

"Oh! Hello! Any news about the strike?" Jack says.

"They say it will go on for another 72 hours. It's a long

one this time. Did you manage to meet the lawyer?" the man in the uniform asks.

"No. He is not in town, I guess. His house is locked."

"Oh, is it? Sorry for the trouble. I was not aware of this. The lawyer usually doesn't travel during the first three months of the year. His mother comes over to his house from France in mid-January and stays here until the end of March. So he's always at home with her. During the other months of the year, his wife is always at home even if he's not. The only time when his house is locked is in September and October. The lawyer and his wife go for a vacation at that time."

"No problem. Maybe he had to travel for work," says Jack.

"Where are you going now?" asks the man.

"I'm going to the hotel to book flight tickets for all of us. I have a meeting this evening, and it's very important for me to be there."

"Come on with me. I'll help you," says the man.

"That's really kind of you. Thank you so much," Jack says and they start walking.

"The last three months have been very bad for the railways. We had a strike last November and all train services were on halt for two days. Then in December, there was too much snowfall and that affected train schedules. In January, there was a train accident. Fortunately, no one lost their life and there were few injuries. And now there's another strike. I hope March, April, and May go without any problems."

Jack nods.

"If I remember correctly, there is one flight to Berlin at half-past four and another at eight o'clock in the morning. You are late for the morning one, but I think you can take the second one."

"Absolutely! It will be great if I can take the 4:30 flight," says Jack.

"It's quarter to 7 now. We will be at the hotel in ten minutes. The receptionist will be able to help us with the bookings."

"Since how long have you been working for the railways?" Jack asks.

"I joined in June 2018. So it has been three years and a half."

"That's quite a long time!"

"Yes, and I have barely taken any time off through this period. I only took a two-month break last year in July and August when I had to undergo back surgery."

"How is your back now?" Jack asks.

"It's much better now. Thank you. There's the hotel. You see the red building over there?"

"Yes. It didn't take that long!"

The man laughs. They reach the hotel and walk up to the desk of the receptionist.

"Good morning gentlemen, how can I help you?" the receptionist says.

"Morning! This young gentleman needs to book some flight tickets to Berlin. Can you help us?" says the man.

"Sure sir! Please take a seat," the receptionist says and turns towards her computer.

The two men sit down opposite her.

"All right, so when would you like to travel?" she asks.

"Today, on the earliest possible flight," Jack replies.

"Okay. And you would like to travel to Berlin, am I right?" the receptionist asks.

"Yes. I would prefer a direct flight as I do not have much time," says Jack.

"Okay. So there are two flights today. One is at 15 minutes past 8, which is in just about an hour from now.

And the other one is at 7 p.m. Both of these fly directly to Berlin."

"Isn't there an earlier flight?" Jack asks.

"There used to be one at 4:30 p.m., what about that flight?" the man in the uniform asks the receptionist.

"No sir. The schedules have changed. There aren't any at that time." replies the receptionist.

"What would you like to do?" the man in the uniform asks Jack.

"I think I'll just take the 7 p.m. one. I don't have any other choice," Jack decides and pulls out his credit card from his wallet.

"So you want one ticket to Berlin by the 7 p.m. flight tonight, am I right?" asks the receptionist.

"No. There are a few more people traveling with me. I need fifteen tickets in total, including mine," Jack says.

"Okay, just a second. Let me check if fifteen tickets are available."

The receptionist confirms the availability of the tickets and the bookings are done for Jack and the rest of his traveling party.

6

THE FARM
FOOD & MEALS

Jack et l'homme en uniforme sortent de l'hôtel. Jack a l'air heureux, il a des billets à la main.

« Voulez-vous vous joindre à moi pour le petit déjeuner ? » demande l'homme à Jack.

« Bien sûr ! J'ai très faim. Nous n'avons même pas dîné hier soir au milieu du chaos », dit Jack.

« Oh, mon garçon ! C'est dommage ! Je vais vous emmener dans un bon **restaurant**. Vous allez adorer la **nourriture** là-bas. »

« Très bien ! Allons-y ! » dit Jack.

« Ils sont ouverts toute la journée du lundi au samedi, mais le dimanche, ils sont fermés toute la journée et ouverts uniquement pour le **dîner**. J'y vais très souvent. »

« À quelle heure ouvrent-ils le matin ? » demande Jack.

« Ils ouvrent habituellement à 7 heures par beau temps. Comme il a neigé toute la nuit, vérifions. »

« Quel est votre **plat** préféré au menu ? » demande Jack.

« Uhm... J'aime leur pizza plus. Ils utilisent des légumes frais directement de la ferme. C'est délicieux ! »

« Cultivent-ils leurs propres légumes ? » demande Jack, intéressé.

« Oh oui ! Ils ont une énorme ferme et ils cultivent une variété de **légumes** et de fruits. Ils produisent aussi leurs propres produits laitiers, comme le lait, le fromage, le yogourt et le beurre », explique l'homme.

« Wow ! Ça semble incroyable ! Est-ce qu'ils font aussi leur propre **pain** ? » demande Jack.

« Oui, ils le font. Leur confiture aussi est très savoureuse. »

« Y a-t-il de la confiture ? J'adore la confiture au petit déjeuner. »

« Ils ont de la confiture de fraises. Ils sont une famille de quatre, un couple et leurs filles jumelles. Ils gèrent le restaurant, ainsi que la ferme. »

« Farm Fresh », lit-il à quelques pas d'un conseil d'administration. « Est-ce celui-là ? », demande-t-il.

« Oui ! » répond l'homme.

Ils entrent et le propriétaire les accueille.

« Bonjour ! » L'homme en uniforme salue le propriétaire. « Êtes-vous ouvert ? »

« Oui, très bien ! Nous sommes ouvert, veuillez entrer », répond le propriétaire.

« Merveilleux ! Pouvons-nous avoir une table pour deux ? » dit l'homme.

« Bien sûr ! » répond le propriétaire avant de les escorter jusqu'à la table.

Jack et l'homme remercient le propriétaire et prennent place. Le restaurant est agréable et spacieux. Il est assez vide avec juste une autre table occupée où un vieil homme est assis avec une tasse de thé et un journal. Jack et son compagnon prennent le menu placé devant eux et commencent à le regarder.

« Qu'aimeriez-vous boire ? » demande l'homme à Jack. « Je vais commander un café pour moi-même. »

« Je ne peux rien lire ou comprendre ici. N'ont-ils pas un menu en anglais ? » demande Jack.

« Oh ! Ne parlez-vous pas italien ? »

« Pas du tout. Je suis britannique. »

« Je vois. Ce n'est qu'un petit village et aucun touriste ne vient ici. Ils n'ont donc qu'un **menu**. Ne vous inquiétez pas, je vais vous aider », dit l'homme en uniforme à Jack.

« Très bien. Merci beaucoup », répond-il.

« Préférez-vous boire du **thé**, du **café**, du **lait** ou du **jus** ? »

« Ont-ils quelque chose comme un **petit-déjeuner** continental ? » demande Jack.

« Oui, ils le font », répond l'homme.

« Très bien ! Je vais le prendre. » dit Jack, et les deux commandent. L'homme commande des céréales et un bol de fruits pour lui-même.

« Les oiseaux là-bas doivent apprécier les **tomates** », dit Jack.

« Certains insectes et oiseaux font vraiment des ravages dans le jardin. L'été dernier, j'ai perdu beaucoup de mes concombres et de mes **salade**s à cause des ravageurs. »

« Avez-vous aussi une ferme ? » demande Jack.

« Non. Ma grand-mère et moi les cultivons dans notre jardin à la maison. »

« C'est charmant ! Ma mère aussi cultive des **pommes de terre**, des **oignons** et des **carottes**, mais elle s'intéresse davantage aux fleurs », dit Jack.

« Votre jardin doit être aussi coloré que mon bol de fruits », fait remarquer l'homme, tandis que le petit **déjeuner** pour les deux est apporté et placé sur la table.

Jack sourit et regarde les **fruits**. Il voit un grand bol de **pommes** tranchées, de **papaye**, de pastèque, de baies et de **raisins**. Ils sont beaux. Le propriétaire met du **sel**, du **sucre** et une bouteille d'**eau** sur la table.

« Bon appétit avec votre **repas**! » Le propriétaire se tourne vers Jack et lui dit : « Je crois que vous nous rendez visite pour la première fois. Aimeriez-vous goûter notre **soupe** à la citrouille ? C'est notre plat vedette. »

« Peut-être une autre fois. Merci », dit Jack.

« Nous avons ajouté une variété de nouveaux **sandwichs**, de plats de **viande** et de **gâteaux** à nos menus du midi et du soir. Veuillez nous rendre visite de nouveau », dit le propriétaire.

« Bien sûr », répond l'homme en uniforme en coupant un morceau de **pastèque** avec son **couteau** et sa **fourchette**.

« Voulez-vous commander autre chose? » demande le propriétaire.

« Non, merci », dit Jack.

« Rien pour moi aussi. Pourriez-vous s'il vous plaît préparer l'**addition** ? » dit l'homme en uniforme.

« Oui, certainement », dit le propriétaire et s'en va.

SUMMARY

L'homme en uniforme emmène Jack qui est affamé déjeuner dans un restaurant . Ils parlent des propriétaires de restaurants et de leur ferme, ainsi que de leurs propres jardins.

WORDS TO REMEMBER

1. **Restaurant** - Restaurant
2. **Repas** - Meal
3. **Aliments/Nourriture** - Food
4. **Petit-déjeuner** - Breakfast
5. **Déjeuner** - Lunch
6. **Dîner** - Dinner
7. **Menu** - Menu
8. **Couteau** et une **fourchette** - Knife and fork
9. **Addition** - Bill
10. **Soupe** - Soup
11. **Viande** - Meat
12. **Salade** - Salad
13. **Sandwichs** - Sandwiches
14. **Gâteaux** - Cakes
15. **Sel** - Salt
16. **Sucre** - Sugar
17. **Pain** - Bread
18. **Lait** - Milk
19. **Thé** - Tea
20. **Café** - Coffee
21. **Eau** - Water
22. **Jus** - Juice
23. **Pommes** - Apples
24. **Tomates** - Tomatoes
25. **Pommes de terre** - Potatoes
26. **Carottes** - Carrots
27. **Oignons** - Onions
28. **Raisins** - Grapes
29. **Pastèque** - Watermelon
30. **Papaye** - Papaya
31. **Fruits** - Fruits

32. Légumes - Vegetables
33. Assiette/Plat - Dish

QUESTIONS

1. Où l'homme en uniforme emmène-t-il Jack?

- a. À l'épicerie
- b. Au musée
- c. Au restaurant
- d. Au café

2. Où se trouve le restaurant?

- a. À la ferme
- b. Sur la plage
- c. Sur la colline
- d. Dans la forêt

3. Lequel des énoncés suivants est vrai?

- a. Jack est malade
- b. Jack a faim
- c. Jack est en colère
- d. Jack ne peut pas marcher

4. À quelle heure le restaurant ouvre-t-il le dimanche?

- a. Il est ouvert toute la journée
- b. Il ouvre à 7 h.
- c. Il ouvre pour le déjeuner
- d. Il ouvre pour le dîner

5. Quel est le plat signature du restaurant?

- a. Sandwich
- b. Le bol de fruits
- c. La soupe à la citrouille
- d. Gâteau

―――――

ANSWERS

1. **c.** Au restaurant
2. **a.** À la ferme
3. **b.** Jack a faim
4. **d.** Il ouvre pour le dîner
5. **c.** La soupe à la citrouille

―――――

ENGLISH TRANSLATION

Jack and the man in the uniform walk out of the hotel. Jack looks happy. He has tickets in his hand.

"Would you like to join me for breakfast?" the man asks Jack.

"Sure! I'm very hungry. We didn't even have dinner last night in the middle of all the chaos," Jack says.

"Oh, lad! That's too bad! I'll take you to a nice restaurant. You will love the food there,"

"Lovely! Let's go!" Jack says.

"They are open all day from Monday through Saturday, but on Sundays, they are closed all day and open only for dinner. I go there very often."

"What time do they open in the morning?" Jack asks.

"They usually open at 7 a.m. when the weather is good. Since it snowed all night, let's check."

"What's your favorite dish on their menu?" Jack asks.

"Uhm… I like their pizza the most. They use fresh vegetables straight from the farm. It's delicious!"

"Do they grow their own vegetables?" Jack asks, interested.

"Oh yes! They have a huge farm and they grow a variety of vegetables and fruits. They also produce their own dairy products such as milk, cheese, yogurt, and butter," the man explains.

"Wow! Sounds amazing! Do they also make their own bread?" Jack asks.

"Yes, they do. Their jam too is very tasty."

" Do they have jam? I love jam for breakfast."

"They have strawberry jam. They are a family of four, a couple and their twin daughters. They manage the restaurant, as well as the farm."

"Farm Fresh," Jack reads from a board a few steps away. "Is this the one?" he asks.

"Yes!" the man replies.

They walk in and the owner greets them.

"Hello!" the man in the uniform greets the owner. "Are you open?"

"Yes, very much so! Please come in," the owner replies.

"Wonderful! Can we have a table for two?" the man says.

"Sure!" the owner replies and escorts them to the table.

Jack and the man thank the owner and take their seats. The restaurant is nice and spacious. It is fairly empty with just one other occupied table where an old man is seated with a cup of tea and a newspaper. Both Jack and his companion pick up the menu placed in front of them and begin scanning it.

"What would you like to drink?" the man asks Jack. "I'm going to order a coffee for myself."

"I can't read or understand anything here. Don't they have an English menu?" Jack asks.

"Oh! Don't you speak Italian?"

"Not at all. I'm British."

"I see. This is only a small village and no tourists come here. So they only have one menu. No worries, I will help you," the man in the uniform says to Jack.

"All right. Thank you so much," he replies.

"Would you prefer tea, coffee, milk, or some juice to drink?"

"Do they have something like a continental breakfast platter?" Jack asks.

"Yes, they do," the man replies.

"Great! I'll take that." Jack says and both of them place their orders. The man orders breakfast cereal and a bowl of fruits for himself.

"The birds there must enjoy the tomatoes," Jack says.

"Some insects and birds really create havoc in the garden. I lost a lot of my cucumbers and salad greens to pests last summer."

"Do you also have a farm?" Jack asks.

"No. My grandmother and I grow them in our garden at home."

"That's lovely! My mother too, she grows potatoes, onions, and carrots, but she's more interested in flowers," Jack says.

"Your garden must be as colorful as my fruit bowl," the man remarks as the breakfast for the two of them is brought and placed on the table.

Jack smiles and looks at the fruits. He sees a large bowl of sliced apples, papaya, watermelon, berries, and grapes. They look beautiful. The owner places salt, sugar, and a bottle of water on the table.

"Enjoy your meal!" The owner turns to Jack and says, "I think you are visiting us for the first time. Would you like to try our pumpkin soup? It's our signature dish."

"Maybe some other time. Thank you," says Jack.

"We have introduced a variety of new sandwiches, meat dishes, and cakes to our lunch and dinner menus. Please do visit us again." says the owner.

"Sure," replies the man in the uniform while cutting a piece of the watermelon with his knife and fork.

"Would you like to order anything else?" asks the owner.

"No. Thank you," says Jack.

"Nothing for me too. Could you please get the bill ready?" says the man in the uniform.

"Yes, definitely," the owner says and leaves.

CONCLUSION

Congratulations! You have done it!

Reading and understanding a whole story comprising seventeen chapters and several phrases and dialogues in a new language is not easy. Thanks to your efforts, you now know what to say when you meet someone, how to discuss the weather and food, how to ask for directions, how to speak to the salesperson at a shopping mall, how to express your emotions, what to say when you fall in love with someone, and so much more. Through Jack and Rose's story, you have experienced many real-life situations in this new language. You might not have understood each and every word in the book, but what you have accomplished is commendable! You have managed to learn a new language on your own without the help of any teacher and outside of a classroom setting.

Now what?

Now, it's time to practice!

Pick out all those aspects of the book that you didn't understand completely and attempt to master them. Try interacting with a native speaker. Expose yourself to videos, movies, and articles in this new language and try to pick up as much as you can. Every effort you make will take you closer and closer to the ultimate goal of perfection and fluency. No one can learn a language in the space of a few weeks. Even native speakers who are fluent have mastered the language over many years. So, don't feel discouraged. It's normal to find this experience challenging at times, it's normal to forget a few words here and there, and it's normal to make mistakes. Every time you practice, you grow. This gradual growth will eventually take you up there to the pinnacle of success in your language learning journey. Don't give up and don't settle for the ordinary because the best things in life lie on the other side of hard work and patience.

What's next?

There are four books in this series - all packed with short stories and dialogs - that focus on everyday Spanish, ensuring that you learn the basics of the language.

Search for **Language Mastery** to find the rest of the books in the series, as well as dozens of other resources. To continue your language learning journey, simply add the book to your library. We have a book collection, which you can find on your favorite online bookstore or library, that outlines practical steps that you can take to keep learning any language. If you are ever lost or in need of new ideas or direction, we suggest you consult our book collection or just send us an email, we will be there to help you.

Your biggest fan,
Language Mastery!

ALSO BY LANGUAGE MASTERY

SPANISH TITLES

SPANISH 1. **Spanish Short Stories for Beginners:** *Over 100 Conversational Dialogues & Daily Used Phrases to Learn Spanish. Have Fun & Grow Your Vocabulary with Spanish Language Learning Lessons!*

SPANISH 2. **Conversational Spanish Dialogues:** *Over 100 Conversations and Short Stories to Learn the Spanish Language. Grow Your Vocabulary Whilst Having Fun with Daily Used Phrases and Language Learning Lessons!*

SPANISH 3. **Learn Spanish with Short Stories:** *Over 100 Dialogues & Daily Used Phrases to Learn Spanish in no Time. Language Learning Lessons for Beginners to Improve Your Vocabulary & Speak Spanish Like a Native!*

SPANISH BUNDLE. **Learn Spanish for Beginners:** *Over 300 Conversational Dialogues and Daily Used Phrases to Learn Spanish in no Time. Grow Your Vocabulary with Spanish Short Stories & Language Learning Lessons!*

FRENCH TITLES

FRENCH 1. **French Short Stories for Beginners:** *Over 100 Conversational Dialogues & Daily Used Phrases to Learn French. Have Fun & Grow Your Vocabulary with French Language Learning Lessons!*

FRENCH 2. **Conversational French Dialogues:** *Over 100 Conversations and Short Stories to Learn the French Language. Grow Your Vocabulary Whilst Having Fun with Daily Used Phrases and Language Learning Lessons!*

FRENCH 3. **Learn French with Short Stories:** *Over 100 Dialogues & Daily Used Phrases to Learn French in no Time. Language Learning Lessons for Beginners to Improve Your Vocabulary & Speak French Like a Native!*

FRENCH BUNDLE. **Learn French for Beginners:** *Over 300 Conversational Dialogues and Daily Used Phrases to Learn French in no Time. Grow Your Vocabulary with French Short Stories & Language Learning Lessons!*

ITALIAN TITLES

ITALIAN 1. **Italian Short Stories for Beginners:** *Over 100 Conversational Dialogues & Daily Used Phrases to Learn Italian. Have Fun & Grow Your Vocabulary with Italian Language Learning Lessons!*

ITALIAN 2. **Conversational Italian Dialogues:** *Over 100 Conversations and Short Stories to Learn the Italian Language. Grow Your Vocabulary Whilst Having Fun with Daily Used Phrases and Language Learning Lessons!*

ITALIAN 3. **Learn Italian with Short Stories:** *Over 100 Dialogues & Daily Used Phrases to Learn Italian in no Time. Language Learning Lessons for Beginners to Improve Your Vocabulary & Speak Italian Like a Native!*

ITALIAN BUNDLE. **Learn Italian for Beginners:** *Over 300 Conversational Dialogues and Daily Used Phrases to Learn Italian in no Time. Grow Your Vocabulary with Italian Short Stories & Language Learning Lessons!*

GERMAN TITLES

GERMAN 1. **German Short Stories for Beginners:** *Over 100 Conversational Dialogues & Daily Used Phrases to Learn German. Have Fun & Grow Your Vocabulary with German Language Learning Lessons!*

GERMAN 2. **Conversational German Dialogues:** *Over 100 Conversations and Short Stories to Learn the German Language. Grow Your Vocabulary Whilst Having Fun with Daily Used Phrases and Language Learning Lessons!*

GERMAN 3. **Learn German with Short Stories:** *Over 100 Dialogues & Daily Used Phrases to Learn German in no Time. Language Learning Lessons for Beginners to Improve Your Vocabulary & Speak German Like a Native!*

GERMAN BUNDLE. **Learn German for Beginners:** *Over 300 Conversational Dialogues and Daily Used Phrases to Learn German in no Time. Grow Your Vocabulary with German Short Stories & Language Learning Lessons!*

www.ingramcontent.com/pod-product-compliance
Lightning Source LLC
Chambersburg PA
CBHW071914070526
44583CB00016B/1979